マンガでわかる　はじめてのコーチング

～ストレスが減るコミュニケーション術～

監修／マツダミヒロ
絵／アデミツル

JN238138

目次

●はじめに

人と話すのは嫌い。
周りがみんなやる気がない。
嫌いな人とどう接していいかわからない。
話をするたびに疲れてしまう。
そんなことはありませんか？
昔のぼくはそうでした。

でも、あることを実践するだけで、
その状況は大きく変わりました。

人と話すのが楽しい。
周りはみんなやる気に溢れている。

嫌いな人がいなくなった。
話すたびに元気になる。

以前とはまったく逆の状況になり、
コミュニケーションが楽しくなったのです。
その結果、
仕事も対人関係もうまくいくようになりました。

その秘密は「コーチングコミュニケーション」です。

一方的に伝えるだけではなく、
相手の可能性を引き出すことができる。
相手が自発的に行動することができる。

最初、コーチングのことを聞いたとき、

まるで魔法のようでした。

そんなに劇的に変わっていくの？　と、
ちょっと半信半疑でもありました。

でも、
学び実践していくことでそれが現実となったのです。
自分も、そして周りもどんどん変化していきました。

あなたも、
この本でコミュニケーション上手になってください。

きっと劇的に変化するはずですよ。

マツダ　ミヒロ

★プレゼントのページ★

「コーチングを身につけるための3つのポイント」

本書をより理解するためのポイントのデジタル小冊子（PDF形式）を無料でプレゼントいたします。

・もっとコーチングを勉強したい！
・職場を元気にしたい
・コミュニケーション能力をUPしたい
という方は、ぜひこのプレゼントを受け取ってください。

http://www.shitsumon.jp/manga/

マツダミヒロの
コーチング研修　第1章
「共通点をさがす」
はじめまして
マツダミヒロと申します
これからみなさんと
コーチングについて学び
日頃の
職場や学校
家庭で活用できる
コミュニケーションのとり方を
体験学習していきましょう！

私もこのコーチングと出会う前は自分の部下やスタッフに命令に近い指示をすることが多かった…
指示した時はすぐに言うことを聞いてくれるのですが…
ハイ
時間が経つにつれ、自発的に動いてくれなくなりました
これでいいや…
ヌヌヌヌ…
それどころかやる気さえなくなってしまいました
どうすればうまく指示できるのか？
それがこれからみなさんと学ぶ心理コミュニケーション『コーチング』です
コーチングによって相手のやる気を引き出せたり考えていることを理解したりできます
やるぞ!
これからみなさんとコーチングについて体験しながら学んでいきましょう

ではまず
できるだけ
初対面の方と
ペアになって
ください
ザワ
ザワ
はじめまして
こちらこそ
よろしく
お願いします
ザワ
ザワ
では始めましょう！
ゲームの内容は
「共通点をさがす」
です！
共通点をさがす
用意するもの
メモ用紙
ペン
ペアとなった2人の共通点を
お互いに質問しながら
できるだけたくさん見つけて
メモしてください

ただし
2分間でお互いの
共通点を
さがしてください
え〜っ!
それでは
スタート!
私たち2人の
共通点…
ザク
ザク
ザク
そうねー…
あ
私たち
ロングヘアー
よね!
ホント!
それに栗色ねっ
あ!それ
結婚指輪
よね!
そう!
じゃあ
あなたも
主婦?
じゃあ
子供は?
2人よ
えーーー!
見えな〜い!

ハイ　ストップ！
2分経ちました！
共通点は見つかりましたか？
せっかくですので発表してもらいましょう
ロングヘアー
栗色の髪
主婦
子供が２人
お酒がのめない
ごはんより
パンが好き
・・・・
すごいたくさん見つけましたね
では質問です
このゲームをする前とした後とで大きく変わったことがあります
それは何だと思いますか？
ザワ　ザワ
何か変わった？

仲良く なれた気が しませんか？
あっ
ホントだ
すごーい
例えば 職場やご近所で 仲良くなりたい時 私と相手の 「共通点」は どこだろう… そういった視点で 見れば より早く 相手と仲良くなれる という訳なんです
日頃 近しいと 思っている人でも 新たな発見が あるかもしれません
ぜひこのゲームを 楽しく 学校や職場や家庭で やってみてください

マツダミヒロのコーチング研修　第2章

「コーチングを学んで あなたが得たいものは なんですか？」

手元に メモ帳とペンは ございますか？
ドキドキ…
何を書いて もらいたいか というと…
コーチングを学んで あなたが得たいものは なんですか？
この答えを 書いてください
ざわ…
えーっと 私は…
私は これね!!
みなさんが 得たいものを 意識させ メモ帳に書いて ください

書けましたか？
みなさんが書いた
コーチングを学んで
得たいものを
各テーブルで
発表し合って
ください
はじめまして!!
こんにちは!!
私は職場の上司に
自分の意見を
きちんと聞いてもらえる
スキルを得たいの！
ぼくは人との
コミュニケーション力を
アップさせたくって
ざわ…
ざわ…

みなさん意識して聞いてください
今 話し合ってみなさんにはそれぞれ学んで得たいものがありますよね
自分が書いたものをよく見てください
今書いたものがコーチングを学んでのみなさんのゴールとなります
ゴール？

コーチングとは
まず自分で
ゴールを設定し
ゴールに向かって
どうしていくかを
考えていきます
例えば
本を読む時
ぼけ〜…
ただなんとなく
読んでいると
『あぁ〜
なんとなく
勉強したな〜』
という気にはなる
しかし
この本から
これを学びたい!
という目的をもって
読むと
ふむふむ
より吸収力が
高まるのです
仕事も同じで
目的をもつだけで
あのゴールに向かって
がんばろうっ!!
PC
作業の効率が
上がります

「まず目的をもって
行動する」
すると
それに必要な知識や情報が
いつもより多く
入ってくるようになるのです

今コーチングを学んでの
ゴールを設定しましたが
職場での課題
人間関係の課題など
ゴールを設定し
意識するといいでしょう

マツダミヒロの
コーチング研修　第3章
「ありがとうカードをもらう」
人間はどうしても
できないところ
足りないところに
目がいってしまいます
なんであの人の
ここがだめなんだろう…
なんであの人はいつも
できないんだろう？
そんな視点で過ごしていると
本当はできている素晴らしい
ところに目がいきません

だからこそ その人のいいところや 長所を見つける 練習を してみましょう！
ざわ ざわ
口で伝えるのは 恥ずかしい という方もいるかと 思いますので
カードを 使って 練習します！

それでは
みなさん
ペンと三枚の
カードを
ご用意ください
ペン
カード
名前
カードの右下には
自分の名前を
書いておいて
くださいね
そして
四人一組になって
自分以外の三人に
そのカードを
渡してください
はい
そのカードが
『ありがとうカード』
になります！

これから色々なゲームや話し合いをしていきますので
その名前の人のよいところや長所や素晴らしいところ
感謝したいところありがとうの気持ちを箇条書きでもいいので書いてみてください
よく気がきく
ありがとうの気持ち…
よいところやスバラシイところね！
ざわざわ
ざわざわ
それでは別のゲームをやっていきましょう

その後…
さて　みなさん　ありがとうカードは　書きましたか？
書いていたら　その名前の人に　あげてください
わぁ～　うれしい！
言葉遣いが　ていねいだって
私 気づかなかったわぁ～
ざわざわ
きゃあ～
私って　こんなふうに　見えるんだ～！
普段　意識しないと　知らず知らず相手に　否定的なメッセージを　あげてしまったり　するのですが
今みたいに　肯定的なメッセージを　あげたりもらったりすると　うれしいですよね

相手の長所や感謝の気持ちを伝えるだけで
お互いにコミュニケーションがとれ　信頼関係も築けるのです！
否定的なメッセージばかり伝えてしまうと相手のいいところが見えなくなってしまいます！
あ…
私…やってたかも…
私も…足りないところばかり見てたわ…
ぜひ　すぐにできるものなのでためしてやってみてください
これだけで職場や家庭が本当に変わりますよ！

マツダミヒロのコーチング研修
第4章
「キャッチボールからの学び①」

みなさん
各テーブルの中で
自分が①か②の
番号があたるように
割り振ってください

私は①ね
私は②
私も①ね
ぼくも②ね
それではみなさん
立ち上がって
①の人　②の人と
それぞれ集まって
大きい円になって
ください

①の輪
ザワ
ザワ
ザワ
ザワ
②の輪
それでは今から
キャッチボールをしましょう!
一つの輪にゴムボールを一つ渡しますこれでキャッチボールをしましょう!

でもルールが2つあります
ルール
①必ずできるだけ
対角線の人に投げる
隣の人に渡さない
②必ず
一人一回だけさわる
二回以上さわらない
後半になると
誰が受け取っていないか
わからなくなるので
まだの人は
アピールしてくださいね
受け取ったら座っていくのもいいですね～!
よろしくおねがいします!
こちらこそ～!
それではスタート!

はいっ
はいっ
はい
さいごっ
はい！練習は終わりです
わぁ〜〜
パチパチ
パチパチ
それでは今の順番でもう一回やります
みなさん記憶力は大丈夫ですか？
え〜っ!
なんとなくボールを投げるんじゃなく意識をして行動するといいですよ

さて　もう一回
同じ順番でやりますが
今回はルールを
もう一つ追加します
追加ルール
③24時間以内にあった
感動した出来事を
発表した後
ボールを投げる
ざわ　ざわ
はい　それでは
スタート！
パチパチパチ
えーっと…
来る時にかわいい
ネコを見ました！
パチパチパチ
今日は
信号が全部
青でした！
パチパチ
無事に
最後まで
まわってきて
感動です！
パチパチ　わ〜　パチパチ
はい！
ありがとう
ございます！

今のは組織がとてもよくなる方法です！
感動した話を聞いたり話したりすると気持ちがやわらかくなりませんか？
うんうん
そういう気持ちで一日をはじめると
一日の体の動きも違うし　能率や効率がより上がり組織がよくなります
今日はやるぞー
ぜひ
毎日はむずかしいかもしれませんが一日がはじまる前に一言
24時間以内で感動したことを伝え合ってみてください

マツダミヒロのコーチング研修
第5章
『キャッチボール
からの学び②』
ルールのおさらい
①必ずできるだけ
対角線の人に投げる
隣の人に渡さない
②必ず
一人一回だけさわる
二回以上さわらない
③24時間以内にあった
感動した出来事を
発表した後
ボールを投げる
では キャッチボールを さらにつづけます
ルールが また少し 変わります
今回は ボールを投げるときに なにも発表しなくても けっこうです
順番通りに ただボールを 投げるだけ なんですが…

他のチームよりも早く終わるようにがんばってください！
追加ルール
•チーム間で競争する
•ボールを途中で落とせば最初からやり直し
そしてボールを落とせばやり直しです
楽勝 楽勝～
さっき落とさなかったもんね～
負けないようにがんばろう!!
お～!!
ただしボールが
3つになります！
え～～～!!

ボールの追加
*ゴムボール
*たわし（他のものでもOK）
*紙をまるめたもの
（手のひらサイズ程度）
それではスタート！
わあ〜〜っ
ボンッ
あっ
あっ
ポン
やり直しだぁ〜！
わぁ わぁ
落とした〜
キャ〜〜
わあ〜！
はい
今のところでストップ！
今のやり方だとほとんど上手くいきませんよね
なので『どうすれば上手くできるのか？』を相談しましょう！
えーっと…声をかけるとか？
ざわ…
ざわ…
ちょっと近づくとかダメかな？
順番を変えるとかダメですよ！意識を変えるだけです

それでは再開しましょう！
はいっ
はいっ
はいっ
はいっ
わぁ〜おわり〜
こっちも終わり〜!!
わぁ〜
どのチームも上手くいったみたいですね
それでは元の席に戻ってください
さて　みなさん1回目と2回目の違いはわかりますか？
1回目は「ただ投げてみた」という方が多かったのではないですか？

2回目は相手の側を向き受け取ってもらえると確認してから取ってもらえるボールを意識して投げたのだと思います
いくよー
アイコンタクト
うんっ
だから最後までつづいたんです
ではこのボールが言葉だったらどうでしょうか？
普段の職場や家庭で相手の側を向いていましたか？アイコンタクトはしていましたか？
アレやって！
コレやって！
えっ？
えっ？
オロオロ…
相手が聴く準備をしていないのに言ってしまってはいませんでしたか？
このキャッチボールのゲームをお母さんたちが集まるグループでやったんですが
この前終わった後にあるお母さんがこう言ったんです

私 主人に
ボールじゃなくて
ナイフを投げて
ました～…
グサ
グサ
ブサ
まったく返事が
ないハズですよね～
グサグサッとささって
いるんですもの…
そして
別のお母さんは…
私は
ボールが3つでも
大変だったのに…
ポンポンポンポン
アレはやったの?
アレしてコレして!
10個くらい一気に
投げてました～
相手も「ハイ」って
言うんですけど
受け取れてるハズ
ないですよね～
アハハハハハハハ…
わかるわ～
私やってたかも…
しかし
相手だけを意識して
ボールを投げたら
横からたわしが
飛んできて
あっ
ボンッ
あっ
たまに
ぶつかってしまう
場合もあります

相手が誰かと話しているのにその相手に話しかけることは
あのさー
相手の意識がこちらに向いていない場合が多いですよね
そのときは自分と相手だけではなくちょっと一歩引いてみてその場を見てください
おっと!!
これは今伝えたほうがいいのかな?もう少し近づいて言えば大丈夫かな?
今のタイミングではなくもう少し後のほうがいいのかな?というようにタイミングや距離がよくわかると思います

コミュニケーションというのは
「いかに伝えるか」ではなく「いかに伝わるか」なんです
ボールを「いかに投げるか」ではなく「受け取ってもらう」ことが大事です
自分の言いたい言葉で言いたいように考えると相手のところへ意識が向きにくくなります
みなさんどんな言葉を使えば相手は受け取ってくれるのかな？ということを意識して
コミュニケーションしてみてくださいね！

さあ これから みなさんに
3分間で できるだけ多く 書いてほしいことが あります！

用意するもの
メモ用紙
ペン

書いていただくのは「自分の短所」です
自分の嫌いなところ なおしたいところ などをどんどん 書いてください

マツダミヒロの
コーチング研修　第6章
「短所を長所に変える」

えーっと…
気が短い…
あきっぽい…
早口だ…
う～ん…
。気が短い
。あきっぽい
。早口
せっかち
さあみなさん書けましたか?
では今書いた『短所』を『長所』に変えるということをやってみましょう!
え～っ?どういうこと?

前に　ある中学校で研修セミナーをさせていただいた時の話なのですが…
生徒さんたちにこう質問したんです
みんなの得意なところはどこですか?
するとある女の子が…
アハハー
私って得意なところ何もないんですよーバカだしー
どうしてバカだと思うの?
アハハハ
だって私どんな時でもいつでも笑ってるのー
こう言ったんです…
でもそれは短所ではなく長所だと思うんです
もっと笑顔でいたいと思っている子から見ればすごくうらやましいと思うんです

つまり自分が短所だと思っているところが違う方向から見ると長所に変わるかもということです

なので　みなさんに今書いてもらった短所だと思うところを
長所←短所
「いつも笑っていてバカみたい」というのを「いつも笑顔で周りを元気にさせる」という感じで書きなおしてみてください

自分だけじゃわからないところは各テーブルで協力して変換作業をしてみましょう！
それではスタート！

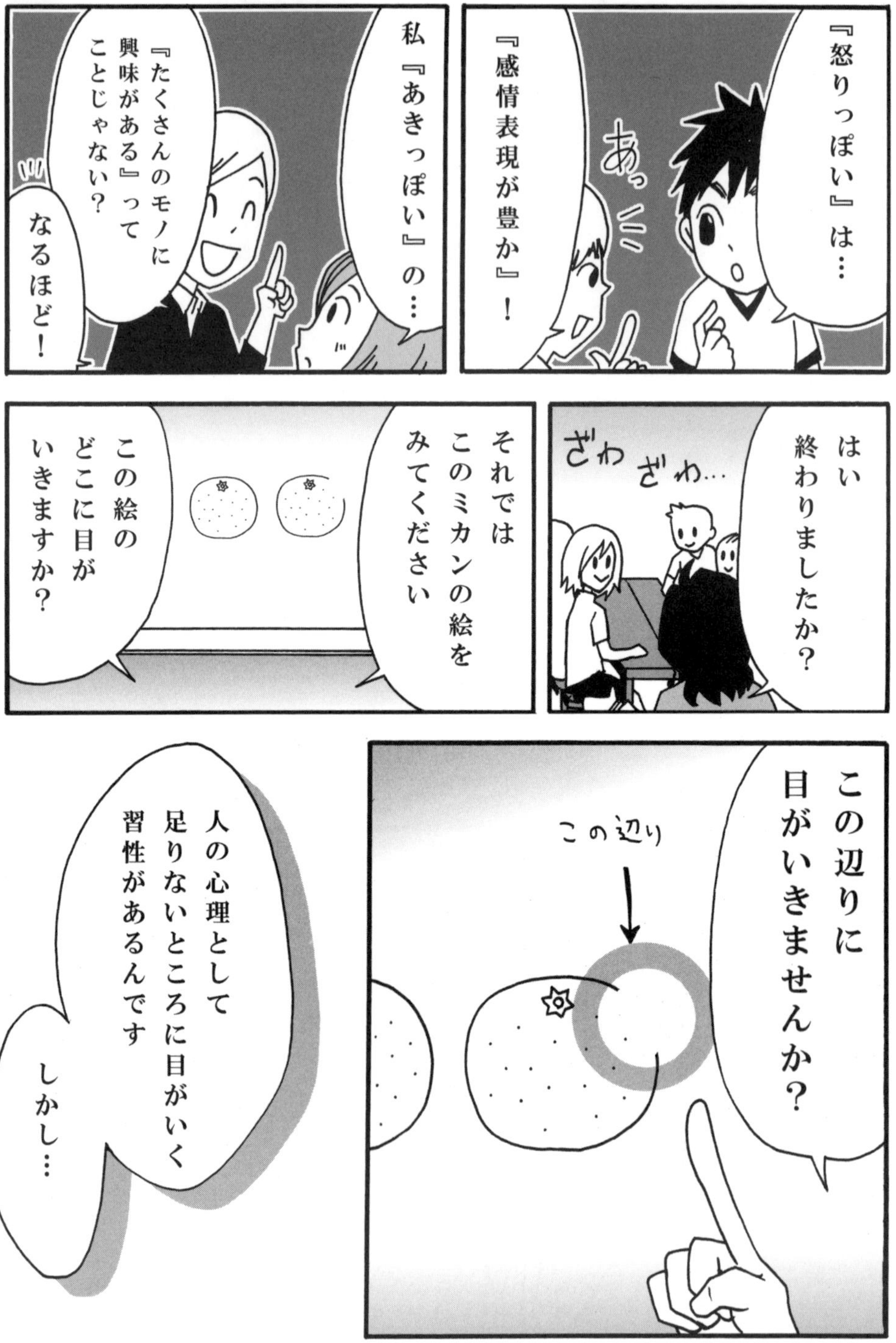
『怒りっぽい』は…
あっ
『感情表現が豊か』！
私『あきっぽい』の…
『たくさんのモノに興味がある』ってことじゃない？
なるほど！
はい終わりましたか？
ざわざわ…
それではこのミカンの絵をみてください
この絵のどこに目がいきますか？
この辺りに目がいきませんか？
この辺り
人の心理として足りないところに目がいく習性があるんです
しかし…

このように
できていないところに
視点がいってしまうと
できているところに
視点がいきにくく
なります
こっちは
できている
自分のできていないところは
すごく目がいって
短所だと思ってしまいます
ボクはせっかちでダメだな～
時間を大切にしているっていうコトだよ!!
でも
少し見方を変えるだけで
できることに
変換できるのです
どうしても自分の
そして人の嫌なところが
目につくという時は
この法則を思い出して
みてください
ちょっと意識を
変えるだけで
『短所』は『長所』に
変えられるのです

マツダミヒロの
コーチング研修　第7章
「ほめまくりゲーム」
みなさん　これから『ほめまくりゲーム』というのをやります
ひとりの人を周りの人がただひたすらほめるということをします！
用意するもの
ペン
メモ用紙

まずはメモ用紙に『自分が言われたらうれしい言葉』をできるだけ多く書いてくださいね事実じゃなくてもいいですよ
例えば「キレイだね」とか「仕事ができるね」とか何でもいいですよ
書き終わったら各テーブルでほめられる順番を決めてください
私が1番ね!
ボクは2番ね!
決めましたら一人目の方のメモ用紙を見て
なんて言うか予習をしましょう
用紙に書かれている言葉以外でも思いつくかぎりのほめ言葉を言ってあげてください

この『ほめまくりゲーム』のルールは2つです
ルール
①とぎれないでほめる
②心からほめる
それとほめられる方が各テーブルに一人いますよね
その方にもちょっと心がまえがあります
?
ドキドキ
色んな成功されている方の共通点はなにかというと受け取り上手ということなんです
そんなことないです－
ありがとうございます!
ですのでほめられたら『そんなことないです』と言わずに笑顔で『ありがとう』と受け取ってくださいね
それではスタート!

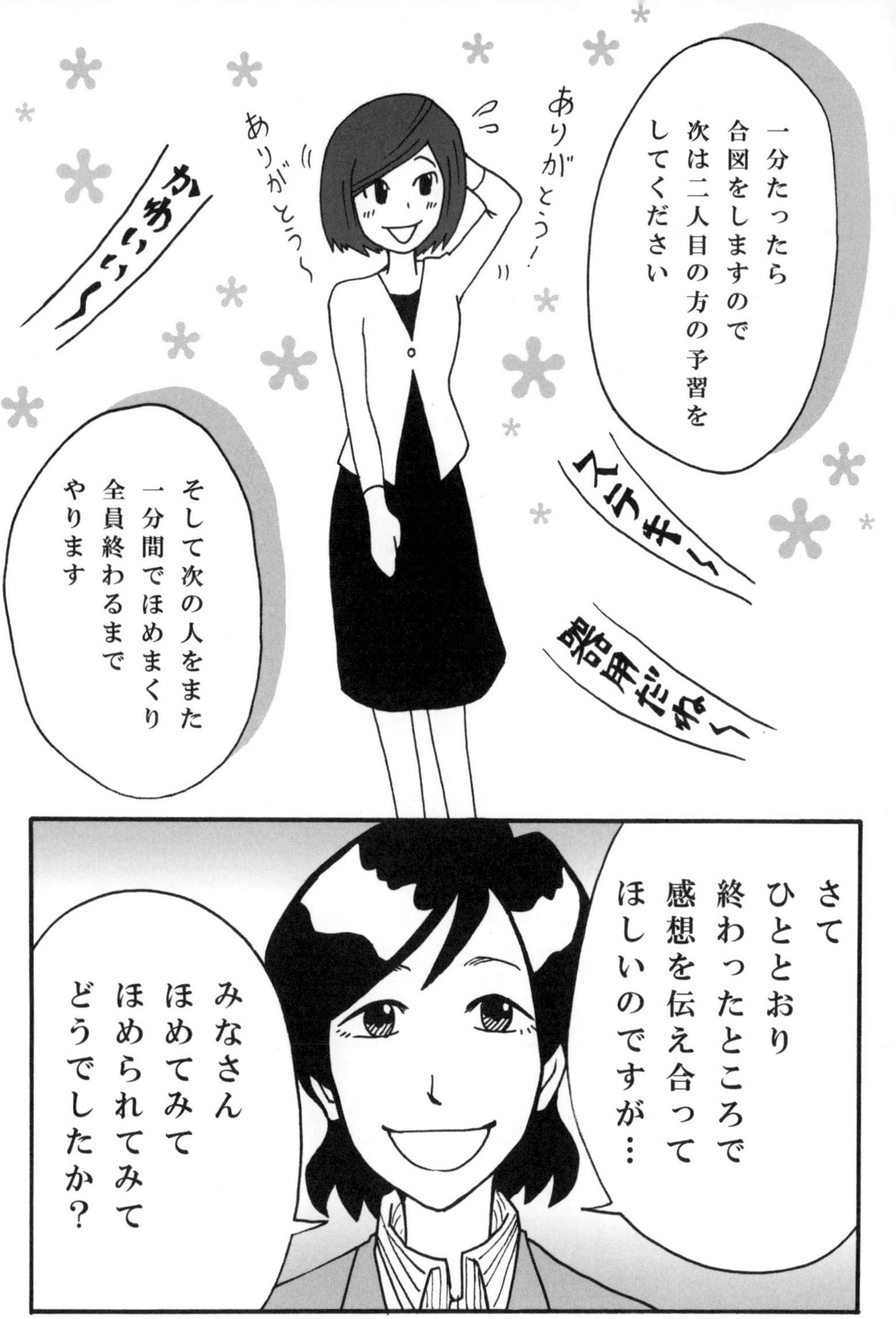
一分たったら合図をしますので次は二人目の方の予習をしてください
ありがとう!
ありがとう〜
かわいい〜
ステキ〜
器用だね〜
そして次の人をまた一分間でほめまくり全員終わるまでやります
さてひととおり終わったところで感想を伝え合ってほしいのですが…
みなさんほめてみてほめられてみてどうでしたか?

ちょっと恥ずかしかったわ…
ぼくも…
うれしかったわ！
こんなにほめられたのははじめて！
恥ずかしかったけど気持ちよかったわ！
ほめられるとみなさん恥ずかしいですがうれしいですよね！
これを普段からできるといいのですが慣れていないとほめるということができない場合が多いかもしれません
『ほめる』というのは「これができてすごいね」とか「よくやったね」というように気持ちが入るのを言います
ほめる
認める
それに対して『認める』というのは「これできたんだ！」というようにできている事実起こっている事実を伝えてあげることです

『ほめる』前に『認める』！
ほめるのはちょっと苦手だなという場合は相手を認める言葉を伝えてあげてください
認められることだけでもとてもうれしいと思います
それならできそう！
私も！
『ほめる』ことを意識すると必然的にいい言葉がどんどん出てきます
いい言葉は相手を 周りをそして自分を元気にすることができるのです

マツダミヒロのコーチング研修　第8章
「心と体」
よく『心』と『体』は繋がっていると色々な本にも書いてありますが
どんなふうに繋がっているのかというのを実験したいと思います
まず二人一組になり一人が右手を伸ばしもう一人がその右手を押します
押す
力の具合いを試すだけですので肩を痛めないように徐々に力を入れてください

次に手をあげている人が「バカバカバカ…」と悪い言葉を言いながら押されないように耐えてみてください
バカバカバカバカ
あれ？あれ？
あまり力が入らないのではないですか？
そしてその次に「ありがとう…」と良い言葉を言いながら押されないように耐えてみてください
ありがとう ありがとう ありがとう ありがとう…
おお!!
さっきよりも力が入るのではないですか？
「ありがとう」と言うとなにが変わるのかというと
自分の体が変わるんです！
同時に買った花の片方に『ありがとう』もう片方に『バカ』と毎日言いつづけると『バカ』と言われた花だけが早く枯れるという実験もあります

もう一つ体験してみましょう！
言葉の力で体はどれだけ変化するかやってみたいと思います
まず一人が前屈をしてもう一人が測定してください
だいたいでけっこうですよ
そしてどこまでいったかを覚えておいてください
次はイメージのトレーニングをします！
みなさん目を閉じて頭の中でイメージしてみてください

まず両手のひらを出して床にゆっくりとつけるイメージをしてください
ぴたっ
その状態で一度深呼吸をしてみましょう！
そしてリラックスした感じをあじわってください
リラックス〜
スーハー
では両手のひらで床を押しながらゆっくりと起き上がってみましょう！
イメージトレーニングですから実際にしなくていいですよ〜
目を開けてください！
はい！
ぱちっ
それではもう一度実際に前屈をしてみてください！

わっ！すごい！
さっきよりも床に近いわ！
どうしてかしら！
すごい！
今のはストレッチをしたわけでも体を無理矢理変えたわけでもありません！
言葉を使うだけで体は変化するのです
言葉というのはよく使えば相手を元気づけることができますが…
ステキだね！
顔色悪いよ！
え…どこか病気カナ…
悪く使うと相手の体の状態を悪くしてしまうこともあるのです

言葉には
パワーがあるのです！
そして言葉は自信に繋がっていくのです
自信
自信
職場や家庭での言葉が変わるだけで組織全体が変わっていきます
普段どんな言葉を多く使いたいかを考え自分のためにも相手や周りのためにも
いい言葉を使って自信をつけるということをやってみてください
いい言葉
いい言葉
いい言葉
いい言葉

『心』と『体』は繋がっていて
心
体
心を変えると体に変化があるように
体を変えると心も変化します
マツダミヒロのコーチング研修　第9章
「体と心」
それでは「体を使うと心が変わる」ということをやってみましょう！

まずはみなさん思い出したくもない最悪の出来事を一つ決めてください
あの時はすごい怒られたわー……
あれはイヤだった…
そしてそれをこんなポーズをしながら30秒間思い出してください
それではどうぞ!
う〜ん…
どんよりしてきましたね
はいストップ!
今の感情を覚えておいてください

さて次は
このポーズで３０秒間
今思い返した
最悪の出来事を
思い出してみてください
笑顔で目線はゆび先！
では
スタート！
はいストップ！
ではみなさん
一回目と二回目で
どんな違いが
あったと思いますか？
ざわ…ざわ…ざわ…

一回目は下を向いて
思い出していると
嫌なことが何十倍にも
ふくらんできたわ…
二回目は上を向いて
笑いながら考えると
何だかどーでもよく
なっちゃった!
そうです
体の動きや
ポーズを
変えるだけで
心というのは
変わって
くるのです
例えばすごく悩んでいたり
落ち込んでいる人は
スキップをしません…
うーん…
♪
スキップをすると
あんまり
悩めないんですよ

もっと前向きに もっと元気に ならなきゃと 思っても
なかなか できないという ことがあります
そんな時は 体を変えてみる というのも
心を早く 回復する一つ かもしれません
それは 拍手だったり…
わぁ〜!
ぱち
ぱち
バンザイだったり…
ハイタッチとかも 元気の出る
体の使い方の 一つですね
タッチ!

『心』と『体』は
繋がっているということを
普段から意識してみてください
そして自分に合った
ポーズや体の使い方を見つけて
悩んだ時にやってみると
いいと思います

体や言葉を使って
体を元気にしてあげる
自分の心も健全に
セルフケアをしてあげる
ということをやってみてください

マツダミヒロのコーチング研修
第10章
「コーチングについて」

最近『コーチング』という言葉が広まってきました
それと似たような言葉で『コンサルティング』や『カウンセリング』などがあるのですが…

これからそれらの違いを説明しながら
「コーチングとはなんだろう？」ということをお伝えしていきます

まずは『コーチング』と『コンサルティング』の違いからです
•コーチング
•コンサルティング
トレーニング
ティーチング
•カウンセリング
コンサルティングはトレーニングやティーチングと言われることもあります
『トレーニング』の語源はトレイン（列車）なのでトレーニングを受ける人が知識と経験というレールの上を列車に乗って行くというイメージです
ゴール
スタート
いち早くゴールするためにいち早く一人前にするために『ここを通るといいよ』とか『こっちだよ』など知識や経験をもとに教えてあげる（レールをひく）こと
それがコンサルティングです！

次は
コーチングです
•コーチング
馬車
『コーチ』というのは
『馬車』という意味です
こちらも同じで
スタート
ゴール
スタートからゴールへ
行くのですが…
馬車ですので
レールはありません
「どの道を通って
行こうかな？」
「ゆっくり
行こうかな？」と
すべて乗っている人が
決めてゴールへ行きます
教えるのではなく
相手に決めてもらう
それが
コーチングです！
今まで色んな企業で
コンサルティングのスタイルを
使ってましたが
こうしたらいいよ！
なぜ最近コーチング研修が
増えてきたかというと
はい
それは　レールがなくなった時
つまり経験のない新しいことを
任された時に
どうしよう…
『どうしていいかわからない』
という人ばかりが育ち
なにもできないという状態に
なってしまうからです

なのでもし
レールがなくなっても
自分で決断して行動する
コーチング的な視点を
持つことが必要に
なってくるのです
しかしまったく
なにも分からない人に
「どうしたい？」と
言っても
わからないものは
わからないので
こういう時は
教えてあげましょう
その時の状況によって
コーチングか
コンサルティングかを
使いわけてくださいね
さて次は
『コーチング』と
『カウンセリング』の
違いです
このグラフを
感情グラフと
思ってください
＋
やる気がある
状態
0
（普通）
悩んでいる
状態
－

簡単にいうと
−（マイナス）の人を
0（普通）の状態に
することを
『カウンセリング』
＋
ゴール
コーチング
0
カウンセリング
悩んでいる状態
−
そして0（普通）の人を
＋（プラス）に
させることを
『コーチング』と
いいます
基本的に同じ技術を
使うことがありますが
スタンスが違います
0より上の状態の人に
コーチングをすると
相手の行動する
きっかけになったり
やる気が出たりして
いいのですが…
やるぞ!!
0より下の悩んでいる人に
コーチングをしてしまうと…
なにがしたいの？
いつまでにしたいの？
なにができるの？
え？
え？
あ〜…
私ってなにもできない
ダメな人なんだなぁ〜…
というふうに
どんどん
落ち込んで
しまいます

コーチングは決して万能ではありません！
いつもは元気だけど今日はトラブルで落ち込んでいる時などは
カウンセリング的なアプローチをしてあげてください
その人の状況や状態などで『コーチング』『コンサルティング』『カウンセリング』を
バランスよく使いわけてあげてくださいね！

コーチングでも
カウンセリングでも
相手の話をよく聴く
相手を受け入れる
相手の存在を認める
ということが
必要です
なので
コーチング・カウンセリング
両方で活用できる
『話を聴く技術』を
みなさんと一緒に
やっていきましょう！

マツダミヒロのコーチング研修

第11章
「話を聴く技術」

それでは今から『お地蔵さんゲーム』をします
?
まず二人一組になりAさんとBさんを決めてください
そしてAさんはお地蔵さんにBさんは話し手になってください
ボクがAね
私はBね!
お地蔵さんの特徴
・表情を変えません
・うなずきません
・声をかけてくれません
・目線を合わせてくれません
・笑いません
Bさんは一分間Aさんに向かって最近興味のあることをなんでもいいので話しかけてください
Aさんは話しかけられても自分を石のお地蔵さんだと思ってじっとしていてください
じぞっ
じぞっー!

はい
それでは
スタート!
最近お花にハマってて…
この前 お花屋さんでね——…
……
それで うちのネコがね…
…
あーだ こーだ…
はいストップ!
ほっ
どうでしたか
みなさん?
おそらく
聴く側も話す側も
つらかったと
思います

ではなぜ
お地蔵さんだと
つらいのかというと
話を聴くポイント
というのがあるんです
その中で簡単に
三つだけ
お伝えしましょう

まず一つ目は
『うなずく』ということ
昨日ね
いいことが
あったの
うん
うん
うなずきや
あいづちが
全くないと不安になり
『このまま
話していていいの?』
という気持ちになります

二つ目は
『くり返す』ということ
この間
温泉に
行ったん
ですよ〜
へぇ〜
温泉に
行ったん
ですか!
相手の言った言葉を
そのままくり返すと
『私の話を
聴いてもらっている』と
すごく実感できます

そして三つ目は
『キーワードを
質問する』です
今度温泉に行くんですよ！
どんな温泉？どこの温泉？
相手が話す内容から
『話したい！』と思っている
キーワードを見つけて
質問すると
より話がふくらみます
みなさん
普段はお地蔵さんに
なっていたりしませんか？
話す人は
聴いてくれていると安心し
それだけで心の中にある
言葉がどんどん出てきて
楽しく話せるんです
ただ聴いて
もらっている
だけなのに
話し手の意識が
大きく
変わるのです

『聞く』というのは
ただ耳に入っている
だけなんです
『聴く』というのは
相手に耳を傾け
意識することなんです

自分が聴き手の場合は
意識してうなずき くり返し
質問してあげてください
そして お地蔵さんの特徴の内
一つでもやっていないだろうか?と
普段から意識してみてください

マツダミヒロの
コーチング研修　第12章
「質問する」
コーチングには質問が重要です
質問はどんな効果を生むのか体験してみましょう
みなさんこの部屋を360度ぐるっと見てください
そして目を閉じて心の中で答えてください
この部屋の中に『赤いもの』はいくつありますか?
5コくらいカナ?
10コはあったハズ…

はい 目を開けて ください
キョロ
キョロ
キョロ
キョロ
みなさん 赤いものを さがして いませんか?
あっ!
あっ!
このように 質問するだけで 「赤いものをさがして」と 指示も命令もしなくても みなさんは自分の中で思考し それを決断し行動しました
脳は質問されると 答えたくなります
それを活用して 質問で相手の行動を 導き出すということも できるんです

ではどんな質問をすれば動いてくれるのか
①話を聴く
②ほり下げる
③視点を変える
ポイントは三つあります
まずは一つ目の『話を聴く』です
話をよく聴かないと適切な質問はできません!
あーでこーで
うん
うん
いかに相手の話を聴くかというのがまず質問する上での大前提にあります
二つ目の『ほり下げる』とは
例えば…
私の後輩が大学を卒業してすぐに会社を起ち上げたいと相談に来ました
どうして会社をつくりたいの?
と質問すると…
お金持ちになりたいから!
これが彼の本当の答えなのかこれを『ほり下げて』みましょう!

お金持ちに なったら なにをしたいの？
かっこいい車と 大きい家を 買いたいです！
じゃあその2つを 手に入れたら なにをしたいの？
その家でキレイな 奥さんと自由な くらしがしたいです
お金持ち
⇓
車・家
⇓
自由
⇓
…
この先もまだ あるかもしれませんが これが 『ほり下げる』 ということです
仮に 『お金持ち』をゴールに 話を進めていくと お金がたくさん集まった けれど忙しすぎて 自由がない
いそがしい～
お金を使うヒマないよ～
そういう状況に なったりするのです
相手に質問して 出てきた答えの先に 本当の答えが あるかもしれないので
どんどん ほり下げていく ということが 必要なんです！

三つ目は
『視点を変える』
人はどうしても
一つのことを見ると
その方向からしか
見ることが
できないのです
あなたの
苦手なことは
なんですか？
と質問してしまうと
ここが私は
ダメだわ〜
となりますが…
苦手と思っていることを
得意と思っていることに
置きかえるとどんなふうに
考えることができますか？
と質問すると
悪いところから
よいところへ
視点が変わります
いかに
相手の意識を変える
質問をするか
視点を変える
質問をしてあげるかが
大事になってきます

これらの三つのポイントを意識して
質問をしましょう！
そしてもう一つ…『質問』と『尋問』は違うというのを覚えておいてください
遅刻した人に『なんで遅刻したの？』というのは尋問になります
『どうすれば遅刻しないで来ることができると思う？』と相手のためになるのが質問です
尋問ではいいわけを答えます
質問では改善策を答えます
「なぜ？」「どうして？」というのではなく「どのように？」「どうしたら？」というように変換してから聴いてみましょう！
WHY?
⇓
HOW
みなさん相手に『尋問』をしないように気をつけてくださいね！

この研修を受けに来られる方の中には「いかに相手を変えるか」「相手のいいところを引きだそう」という視点の方がいらっしゃいますが…
実はいくら相手をそういう気持ちで説得してもなかなか上手くいかない場合が多いのです
「まずなにをしなければならないか」というところを最後にお伝えします
マツダミヒロのコーチング研修
第13章
「シャンパンタワーの法則」

みなさん
結婚式などでする
シャンパンタワーを
ご存じですか?
ザワ ザワ…
シャンパングラスを
ピラミッドのように
積み上げ
一番上からシャンパンを注ぐと
すべてのグラスが
満たされていくというものです
そしてこの
シャンパンタワーを
見たてて
こんなふうに
考えました
自分
家族
職場のスタッフ
業者さん等…

自分はまず
どこから
シャンパンを
そそいでいくかを
思い出して
みてください
四段目をがんばって
満たしたとしても
ちょっとしか満たされません
これでは永久に
タワー全体に
シャンパンは注がれません
この辺だけ↑
いくら
業者さん等を
満たしても
それだけでは
なにかうまく
いかない…
では職場の
スタッフを満たすのに
力を入れてみましょう
四段目の時よりは多いですが
やはり全体は満たされない
この辺だけ←
職場が上手くいっていても
自分の家庭がボロボロ
だったりすると
会社
幸せとはいえません！

では二段目の家族から満たしてみましょう！
家族のために…子供のために色々してあげるのはいいのですが…
自分をおいて家族を満たしてもこれもタワー全体にシャンパンは注がれません！
まずしなければならないコト！
それは…
自分を満たすことなんです！
そのために自分をほめてあげるのもいいしほめてもらうのもいいですね
♪
自分のための時間を作ってあげるのも必要です

そこであふれてくるエネルギーを使って
周りの人たちを元気にしてあげると
自然に周りが、職場が
そして家族が豊かになるんです！
ですので
みなさんまずは
自分を満たす
ということを
やってみて
くださいね！
さて
それでは今までやってきたコトを
総合的にふり返って
「こんなところが勉強になった」とか
「これを一番やってみたい」など
『学び』はなんだったかを
伝え合ってみてください

今まで
やってきたことは
基礎的な部分
なんですが
すごく本質的な
部分でもある
ということを
覚えておいて
ください！
キャッチボールをしたこと
ありがとうカードを
あげたこと
相手の話を聴く
というのもそうだし…
質問によって
相手の声や可能性を
聴いてみるというのも
そうだと思います
これからはそれらを意識して
できることから
やってみてください！
それでは
またお会いできることを
楽しみにしています！

●おわりに

学びには、３つのステップがあります。

ステップ１「知っている」
ステップ２「やったことがある」
ステップ３「身についている」

この本を読んだとき、
「あ～知っている」「以前やったことがある」と思ったら要注意！
それだけで満足してしまう傾向が高いのです。
次のステップに移る行動を起こしてみてください。

すべてを実行するのは難しいかも知れませんが、

どれか1つだけでもチャレンジしてみてください。
必ず変化が起きていきます。

ある学校で実践したら、
いじめが少なくなったという声を聞きました。

ある家庭で実践したら、
子供がすすんで勉強をするようになった、とお母さんが喜んでいました。

ある職場で実践したら、
自然とスタッフが助け合うようになり、
雰囲気だけでなく業績もよくなったと喜びの声をいただきました。

これもほんの一例に過ぎません。
全国では続々とこのような事例が生まれて来ています。

そして、次の変化はあなたの周りで生まれます。
あなたは、この本の中で
まず何からチャレンジしてみたいですか？

二〇〇九年九月

マツダ　ミヒロ

●参考文献

「上司の心理学―部下の心をつかみ、能力を高める」　衛藤信之（著）ダイヤモンド社
「コーチング・マネジメント―人と組織のハイパフォーマンスをつくる」伊藤守（著）ディスカヴァー・トゥエンティワン
「インナーテニス―こころで打つ」W・ティモシー・ガルウェイ（著）日刊スポーツ出版社
「ロバート・ディルツ博士のNLPコーチング」ロバート・ディルツ（著）ヴォイス
「質問で学ぶシンプルコーチング」マツダミヒロ著　PHP研究所
「しあわせは、すぐ近くにある。」マツダミヒロ著　大和書房

監　修

松田　充弘（マツダ・ミヒロ）
質問家。日本メンタルヘルス協会基礎カウンセラー。財団法人生涯学習開発財団認定コーチ。日本コーチ協会東北支部副幹事。マツダミヒロ株式会社代表取締役。やる気と能力を引き出す「質問」の専門家。東北芸術工科大学卒業後、研究生を経て独立。デザイン活動を始められ、インターネットを活用した企画制作コンサルティングなどの事業を展開。現在はコーチングやカウンセリング、心理学を活用し、国内外問わず、企業や経営者向けの研修、個人セッションを行っている。365日発行しているメールマガジンとブログ「魔法の質問」は毎日約２万人が見ている。

マンガでわかる　はじめてのコーチング
～ストレスが減るコミュニケーション術～

2009年11月20日発行

監　修　マツダミヒロ
　絵　　アデミツル
発行者　米田正夫
発行所　株式会社　関西看護出版
　　　　〒595-0024　大阪府泉大津市池浦町5-13-13
　　　　TEL0725(33)0371　Fax0725(33)0346
　　　　http://www.kansaikango.co.jp/
　　　　振替　00980-6-309872
印　刷　モリモト印刷㈱

落丁・乱丁本はお取り替えいたします
©2009
ISBN978-4-904145-21-0 C0011
Printed in Japan

関西看護出版研修 DVD

質問で学ぶ！　コーチング研修（ダイジェスト版）

指導／監修　マツダ　ミヒロ

1面　1．はじめに　2．共通点をさがす　3．コーチングを学んで、あなたが得たいものはなんですか？　4．フィッシュについて（相手のいいところ、素敵なところを意識する）　5．キャッチボールからの学び　6．短所を長所に変える　7．ほめまくりゲーム

2面　1．心と体　2．体と心　3．フィッシュをもらう　4．コーチングについて　5．話を聴く技術　6．質問する（未来質問ゲーム）　7．まとめ（シャンパンタワーの法則）

●定価2800円（税込）／152分

傾聴とカウンセリング　共立女子短期大学看護学科学科長／精神看護学教授　川野雅資

患者の望みは話を聴いてほしいことです!!　日常業務の多忙から患者の話を聴いてあげられない……、その現実を数分間で“傾聴”することに焦点をあて、カウンセリングに必要なコミュニケーション技術の事例を詳細に取り上げ、効果的な方法としてのロールプレイングの進め方などを細かく紹介したカウンセリング技法の最適の書。本体1600円

かちん むかッ ぐさッ

日本ケア・カウンセリング協会代表理事　品川博二

「かちん！むかッ！ぐさッ」は、対人ストレスの注意信号。何故、ウマが合わない、ムシが好かないのか？　対人関係のトラブルをめぐって、人間関係を徹底分析しながら、自己成長と生きる勇気を与える心理学入門書。本体1700円

こんな管理職はいらない

国立精神・神経センター精神保健研究所名誉所長
中部学院大学大学院人間福祉学研究科教授　吉川武彦

病院・老人施設等の管理職の方から頂いた現場の生のメッセージを紹介しながら、現代精神医学界を代表する臨床医が組織とは何かを言及し、部下をいかに指導するか、リーダーに求められるスキルと人間性・判断力、職場で起こるトラブル、人間関係のもつれなどで業務に支障をきたす場合、管理職としてどう対処するか等を著した書き下ろし作。第１章「こんな上司にはなりたくない」。第２章「自分が感じる管理職の壁」。第３章「いま職場で一番悩んでいること」。第４章「部下が指示に従わない、そんな時は？」。第５章「求められる指導力とマネジメント能力」。第６章「職場の問題解決のために」。本体1900円

高次脳機能リハビリテーション看護

国立成育医療センターリハビリテーション科医長　橋本圭司他

日常生活における高次脳機能障害の理解とその対応を豊富なイラストでわかりやすく著した看護師・介護職向けの必読の書。第１章「高次脳機能を理解する」。第２章「高次脳機能障害の看護」。第３章「高次脳機能障害への看護アプローチの実際」。第４章「日常生活における高次脳機能障害の症状」。第５章「日常生活における高次脳機能障害への対応の基本」。本体2000円。

てんしさん

野の花診療所院長　徳永進

臨床現場でのナースたちの喜び・笑い・涙・悲しみ・怒りの34編のメモを紹介しながら、人の生死の哀楽を紹介した痛快のメッセージ集。本体800円

ターミナルケア・ガイド

元・救世軍清瀬病院院長兼ホスピス科部長
元・国立療養所多磨全生園名誉園長　村上國男

医療従事者必修のガイドブック。事例から学ぶターミナルケアの集大成。第１章「ターミナルケアとは何だ」。第２章「延命医療」。第３章「苦痛への援助」。第４章「死を学ぶ」。第５章「疼痛緩和」。第６章「呼吸苦からの解放」。第７章「全身倦怠感」。第８章「その他の症状の緩和」。第９章「告知とインフォームドコンセント」。第10章「告知後の新しい生き方」。第11章「終の住家を自分で選ぶ」。第12章「老人施設・老人病院における死」。第13章「ホスピスの死」。第14章「スピリチュアルケア」。第15章「傾聴」。第16章「死亡前後の家族への援助」。本体1900円

認知症の理解とケア　認知症ケアアドバイザー　五島シズ

ベテラン看護師が語る認知症高齢者のケアのための実践事例集。著者自身の豊富な看護体験から、認知症高齢者の接し方を事例をとおして学ぶ、実践ハンドブック。第１章「認知症の理解」。第２章「事例集、認知症の人との接し方」。第３章「事例集、日常生活動作への援助」。第４章「事例集、行動・心理症状とその対応」。第５章「事例集、偶発事故の防止」。第６章「事例集、家族への援助」。本体1600円

転ばないからだづくり―楽しくできる介護予防

介護者の健康を考える会代表／保健師　川崎美織
クニ整骨院院長　田中国彦

転倒予防と介護予防のポイントをイラストと写真で具体的に解説した実践ガイド!!　第１章「転ばないからだづくり―転倒予防体操」。第２章「転ばない足をつくる・Ⅰ―足爪のケア」。第３章「転ばない足を作る・Ⅱ―フットセラピー」。第４章「現場で即実践できるお手玉・お足玉体操」。本体1900円

介護職のための医学知識ガイドブック

元・特別養護老人ホームいっぷく施設長　大瀧厚子

高齢者に多い病気の知識や、異常の早期発見、緊急時にあわてないための対処法、感染症の対応についてなど、介護職が知っておかなければならない“知識”と“観察力”向上のための必読の書。第１章「医学知識」①基本的な医学知識②観察と計測③バイタルサインの測り方④高齢者に多い疾患について⑤薬の知識。第２章「緊急時対応」①緊急時にあわてないための確認ポイント②緊急時の対処法。第３章「感染症」①感染予防について②感染症とその対応について。本体1700円。

介護職のための接遇マナーガイドブック

（株）しのコーポレーション代表取締役
元・全日空客室乗務員／フライトトレーナー（教官）
元・特別養護老人ホーム介護長兼教育室長／介護支援専門員
濱島しのぶ

客室乗務員から、一転ケアワーカーに身を転じた著者が、豊富な経験と知識をイラスト入りで語る接遇マナーの最適の書!!。第１章「終の住家の多様化時代」。第２章「スタッフの教育」。第３章「接遇とは」。第４章「介護スタッフの接遇」。第５章「ホスピタリティ」。第６章「接遇の四原則」。第７章「ことば遣い」。第８章「職場のルール」。第９章「お茶の出し方」。第10章「名刺の取り扱い」。第11章「電話応対」。第12章「席次のマナー」。第13章「差し入れの断り方」。第14章「クレームの対応」。第15章「円満退職」。本体1800円

認知症あったかKAIGOとしあわせケアプラン

生活介護研究所代表　坂本宗久他

現場のリアルなケアと希望のケアプラン。認知症ケアのバイブル書！！　第１章「大脳生理学からみた生活支援の方法について」。第２章「物忘れ、物覚え」。第３章「理解力と判断力」。第４章「認知症の生活支援プログラム」。第５章「身体状況の把握とコンディション作り」。第６章「生活支援型ケアプラン(LSSCP)認知症バージョン」。第７章「LSSCP SYSTEMS ver.dementia」。本体1900円

ひとり浴改革・完全マニュアル

ケアプロデュースRX組代表　青山幸広

ひとり浴改革に必要な介護技術・ハード・業務改革スケジュール、すべてを網羅した入浴改革実践のための決定版！少林寺拳法を生かした青山幸広のオリジナル介護技術が写真満載でわかりやすく解説。相手の力を生かし、己の腰を守る画期的な介護技術で、不可能を可能に変える！！　第１章「なぜ今、ひとり浴なのか」。第２章「入浴業務改革」。第３章「介護技術を身につける」。第４章「ひとり浴の介護技術」。第５章「環境を整える」。本体1800円

介護が上手くなるための10カ条

生活とリハビリ研究所代表　三好春樹

なぜ医者、看護師に介護の下手な人が多いのか。この本を読めば、専門職でも介護がうまくなる。いわんやシロウトをや。第１条「科学よりアート」。第２条「安静よりゴソゴソ」。第３条「訓練より生活行為」。第４条「未来より、いま、ここ」。第５条「資格より資質」。第６条「受容より相性」。第７条「人権より無意識の豊かさ」。第８条「自己決定より共同決定」。第９条「介護力より介護関係」。第10条「ITより老人の目」。本体1600円

遊びリテーション大事典

生活介護研究所代表　坂本宗久他

我が国最大の71種類の実技をイラストと解説で紹介した遊びリテーション実技の集大成本!!　遊びリテーションが暮らしに潤いを与え、お年寄りをいきいきさせるアイテムとして、どのように使っていくか、わかりやすく提案した遊びリテーション実技の決定版。本体2200円